# 儿童十万个为什么

ER TONG SHI WAN GE WEI SHEN ME

远方出版社

# 为什么大熊猫喜食箭竹

dà xióng māo yě jiào dà māo xióng zài tā nà bái bái
大熊猫也叫大猫熊。在它那白白
de yuán nǎo dai shang zhǎng zhe bā zì xíng de hēi yǎn quān
的圆脑袋上，长着八字形的黑眼圈，
zǒu qǐ lù lái yī niǔ yī bǎi mú yàng er zhēn huá jī
走起路来一扭一摆，模样儿真滑稽。
dà xióng māo zuì xǐ huan chī jiàn zhú zhè shì cháng qī lái shòu
大熊猫最喜欢吃箭竹，这是长期来受
shēng cún huán jìng de yǐng xiǎng ér zào chéng de yīn wèi tā
生存环境的影响而造成的。因为它
de xíng dòng bú gòu líng huó bǔ zhuō xiǎo dòng wù de běn lǐng
的行动不够灵活，捕捉小动物的本领

bù gāo kě shì wèi kǒu yòu dà zhǐ hǎo yǐ shēng huó huán
不高，可是胃口又大，只好以生活环
jìng zhōng de jiàn zhú wéi shí ǒu ěr yě bǔ shí yī xiē yú
境中的箭竹为食，偶尔也捕食一些鱼、
yě shǔ děng xiǎo dòng wù dàn shì yě yǒu lì wài zài wǒ
野鼠等小动物。但是也有例外，在我
guó sì chuān hēi zhú gōu dì qū de dà xióng māo què yǐ niú
国四川黑竹沟地区的大熊猫，却以牛、
yáng wéi zhǔ shí
羊为主食。

**长知识：**

dà xióng māo shēng xià hái zi hòu huì rì yè bào zhe hái zi cóng bù fēn kāi dàn
大熊猫生下孩子后，会日夜抱着孩子，从不分开。但
shì tài ài hái zi yǒu shí yě huì fā shēng yì wài nà jiù shì zài shú shuì zhōng bù dāng xīn
是，太爱孩子有时也会发生意外，那就是在熟睡中，不当心
bǎ hái zi gěi yā sǐ le
把孩子给压死了。

# 为什么燕子要在屋檐下筑巢

zì cóng rén lèi gài fáng zi hòu, tā men jiù zài wū
自从人类盖房子后，它们就在屋
yán xià zhù cháo, rén men yě dōu hěn huān yíng yàn zi lái zì
檐下筑巢，人们也都很欢迎燕子来自
jǐ jiā luò hù
己家落户。

niǎo lèi zhù cháo hé shòu lèi bú dà yī yàng, zhǔ yào
鸟类筑巢和兽类不大一样，主要
shì wèi le chǎn luǎn hé bǔ yù yòu niǎo, ér bú shì wèi le
是为了产卵和哺育幼鸟，而不是为了
zài cháo nèi shuì jiào. yàn zi yòng ní hé mài jiē děng cái liào
在巢内睡觉。燕子用泥和麦秸等材料

zhù cháo bì xū bǎ cháo jiàn zài yòu kuān yòu píng de dì fang
筑巢，必须把巢建在又宽又平的地方，
wū yán xià zhèng hǎo fú hé yàn zı de yāo qiú bìng qiě
屋檐下正好符合燕子的要求，并且，
māo hé jiào dà de niǎo dōu dào bù liǎo zhè lǐ yàn zi de
猫和较大的鸟都到不了这里，燕子的
yòu niǎo kě yǐ ān quán de zài cháo li shēng huó zhí dào zhǎng
幼鸟可以安全地在巢里生活，直到长
dà huì fēi suǒ yǐ tā jiù cháng qī zài rén lèi de wū yán
大会飞，所以它就长期在人类的屋檐
xià zhù cháo le
下筑巢了。

**长知识：**

chú le yàn zi zhī wài hái yǒu yī xiē niǎo yě zài fáng zi li huò fáng zi fù jìn
除了燕子之外，还有一些鸟也在房子里或房子附近
zhù cháo rú má què bǎ cháo jiàn zài fáng zi de gé lóu li ōu liáng niǎo de cháo zhù zài wū
筑巢，如麻雀把巢建在房子的阁楼里，欧椋鸟的巢筑在屋
dǐng shang huò qiáng bì de kǒng dòng li
顶上或墙壁的孔洞里。

# 螃蟹为什么吐泡泡

páng xiè tǔ pào pao shì yóu yú tā de dú tè hū
螃蟹吐泡泡，是由于它的独特呼
xī fāng shì yǐn qǐ de xiàng yú yī yàng páng xiè yě yòng
吸方式引起的。像鱼一样，螃蟹也用
sāi hū xī páng xiè de sāi xiàng hǎi mián yī yàng néng xī
鳃呼吸。螃蟹的鳃像海绵一样，能吸
jìn hěn duō shuǐ tā kào sāi li de shuǐ néng zài lù dì shang
进很多水，它靠鳃里的水能在陆地上
shēng huó sāi li de shuǐ zài bèi xiāo hào diào yǎng qì hòu
生活。鳃里的水在被消耗掉氧气后，
huì cóng zuǐ fù jìn liú chū lái zài cóng áo zú de dǐ bù
会从嘴附近流出来，再从螯足的底部

liú huí tǐ nèi zài shuǐ liú jīng tǐ wài shí xīn xiān de
流回体内。在水流经体外时，新鲜的
yǎng huì róng jìn qù suǒ yǐ páng xiè néng xiàng zài shuǐ li yī
氧会溶进去。所以螃蟹能像在水里一
yàng hū xī kě shì shí jiān cháng le sāi li de shuǐ huì
样呼吸。可是时间长了，鳃里的水会
jiàn jiàn jiǎn shǎo zhè shí páng xiè huì chōu dòng zuǐ hé sāi
渐渐减少。这时螃蟹会抽动嘴和鳃，
qǐ tú xī shōu shuǐ kě shì xī jìn dà liàng kōng qì yǔ
企图吸收水，可是吸进大量空气，与
sāi li de shuǐ hùn hé tǔ chū qì pào
鳃里的水混合，吐出气泡。

**长知识：**

páng xiè shì wài gǔ gé dòng wù wài gǔ gé de dòng wù dōu bǐ jiào dī děng cóng yú
螃蟹是外骨骼动物。外骨骼的动物都比较低等，从鱼
lèi kāi shǐ yú wā shé niǎo hé shòu lèi gǔ gé dōu mái cáng zài jī ròu lǐ miàn zhè
类开始，鱼、蛙、蛇、鸟和兽类，骨骼都埋藏在肌肉里面，这
yàng jiù néng yǔ jī ròu shǐ yùn dòng gēng jiā fāng biàn
样就能与肌肉，使运动更加方便。

# 为什么鲸要从头上喷水

jīng shì shēng huó zài hǎi yáng zhōng de bǔ rǔ lèi dòng
鲸是生活在海洋中的哺乳类动
wù tǐ xíng sì yú yòu shēng huó zài shuǐ zhōng yǒu rén biàn
物，体型似鱼，又生活在水中，有人便
jiào tā jīng yú qí shí tā bú shì yú lèi
叫它鲸鱼，其实它不是鱼类。

jīng méi yǒu pǔ tōng yú lèi nà zhǒng kě yǐ zài shuǐ
鲸没有普通鱼类那种可以在水
zhōng xī qǔ yǎng qì de sāi ér shì xiàng rén lèi yī yàng yòng
中吸取氧气的鳃，而是像人类一样用
fèi hū xī jīng de bí kǒng zhǎng zài tóu de shàng bù hū
肺呼吸。鲸的鼻孔长在头的上部，呼

xī shí jīng fú dào shuǐ miànshang xī zú kōng qì hòu zài
吸时，鲸浮到水面上，吸足空气后再
qián rù hǎi li kōng qì yòng wán zài fú dào shuǐ miànshang
潜入海里。空气用完再浮到水面上，
shùn shì jiāng fèi qì cóng bí kǒng zhōng hū chū yóu yú jīng
顺势将废气从鼻孔中呼出。由于鲸
hū qì shí lì liàng hěn dà yīn cǐ jiāng bí kǒng zhōu wéi de
呼气时力量很大，因此将鼻孔周围的
hǎi shuǐ yě yī qí pēn xiàng tiān kōng dāng hǎi miànshang de qì
海水也一齐喷向天空。当海面上的气
wēn jiàng dī shí jīng pēn chū de shuǐ zhù hái huì fā bái li
温降低时，鲸喷出的水柱还会发白哩。

**长知识：**

jīng yú bú shì yú tā shì cóng lù dì zhuǎn yí dào hǎi li shēng huó de bǔ rǔ dòng
鲸鱼不是鱼，它是从陆地转移到海里生活的哺乳动
wù tā de zuǐ hěn dà kě shì méi yǒu yá chǐ bù néng jǔ jué shí wù suǒ yǐ tā zhǐ
物。它的嘴很大，可是没有牙齿，不能咀嚼食物，所以它只
chī xiǎo yú hé xiǎo xiā
吃小鱼和小虾。

# 为什么牵牛花能爬竿

qiān niú huā shì pān yuán zhí wù pān pá zhōng de qiān
牵牛花是攀缘植物，攀爬中的牵
niú huā tā de jīng shang běn lái tū chū de bù fen guò
牛花，它的茎上本来凸出的部分，过
yī duàn shí jiān jiù jiàn jiàn āo jìn qù tóng shí tā zài zuò
一段时间就渐渐凹进去，同时它在做
xuánzhuǎn de yùn dòng yuán lái qiān niú huā de shēn tǐ li
旋转的运动。原来，牵牛花的身体里
hán yǒu yī zhǒng shēngzhǎng sù zhè zhǒng shēngzhǎng sù yǒu shí
含有一种生长素，这种生长素有时
néng jiā sù xì bāo de shēngzhǎng yǒu shí yòu huì zǔ zhǐ xì
能加速细胞的生长，有时又会阻止细

bāo shēngzhǎng zhè zhǒngshēngzhǎng sù zài qiān niú huā tǐ nèi
胞生长。这种生长素在牵牛花体内
fēn bù duō shǎo bù tóng jiù shǐ jīng de gè xì bāo shēngzhǎng
分布多少不同，就使茎的各细胞生长
sù dù bù yī yàng yǒu shí hou yī biān de shēngzhǎng sù
速度不一样。有时候一边的生长素
duō le zhè yī biān jiù zhǎng de kuài zhè yàng jiù shǐ qiān
多了，这一边就长得快；这样就使牵
niú huā de jīng xuánzhuǎnshēngzhǎng chán rào zhe zhú gān hé shéng
牛花的茎旋转生长，缠绕着竹竿和绳
zi xiàngshàng pá
子向上“爬”。

**长知识：**

pá qiáng hǔ yě shì yī zhǒng pá qiáng de zhí wù tā shēnshang yǒu hǎo duō xiǎo juǎn xū
爬墙虎也是一种爬墙的植物。它身上有好多小卷须，
měi gēn juǎn xū shang yǒu gè xiǎo xiǎo de xī pán jiù xiàng bì hǔ de jiǎo zhǐ yào xī pán pèng
每根卷须上有个小小的吸盘，就像壁虎的脚，只要吸盘碰
dào fáng zi de qiáng bì dōu néng láo láo de xī shang qu
到房子的墙壁，都能牢牢地吸上去。

# 为什么雨后的草地会长出蘑菇

xià tiān huò chūn qiū tiān de yī chǎng xiǎo yǔ zhī hòu
夏天或春秋天的一场小雨之后，
hěn kuài yǒu xiē cǎo dì shang jiù huì mào chū hǎo duō gè zhǒng
很快有些草地上就会冒出好多各种
gè yàng de mó gu lái
各样的蘑菇来。

yuán lái mó gu de zhǔ yào bù fen wǒ men píng shí
原来，蘑菇的主要部分我们平时
kàn bu jiàn tā men cáng zài dì xià jiào zuò jūn sī ér
看不见，它们藏在地下，叫做菌丝。而
jūn sī néng xiàng wǎng yī yàng sàn bù zài tǔ rǎng zhōng xī shōu
菌丝能像网一样散布在土壤中，吸收

shuǐ fèn hé yǎng liào děng xī zú le yǎng liào hé shuǐ fèn
水分和养料。等吸足了养料和水分

hòu jūn sī mǎ shang jiù huì kāi shǐ zhǎng chū yī gè yī gè
后，菌丝马上就会开始长出一个一个

xiǎo qiú qiu
小球球。

xiǎo qiú qiu zhǎng de fēi cháng kuài bù jiǔ jiù dǐng chū
小球球长得非常快，不久就顶出

le dì miàn xiàng yī bǎ bǎ xiǎo sǎn yī yàng de zhāng kāi
了地面，像一把把小伞一样地张开，

zhè jiù shì wǒ men píng shí chī de mó gu
这就是我们平时吃的蘑菇。

**长知识：**

mó gu de sǎn gài xià miàn dōu yǒu xǔ duō xiǎo báo piàn xiǎo báo piàn huì sàn chū xǔ duō
蘑菇的伞盖下面都有许多小薄片，小薄片会散出许多

wēi xiǎo de kē lì jiù shì mó gu de zhǒng zi bāo zi zài kōng zhōng dào chù piāo luò
微小的颗粒，就是蘑菇的“种子”。孢子在空中到处飘，落

dào hé shì de shēng zhǎng huán jìng jiù huì luò dì shēng sī zhǎng chū xīn de mó gu
到合适的生长环境就会落地生“丝”，长出新的蘑菇。

# 秋天的叶子为什么变黄

qiū tiān dào le hěn duō zhí wù de lǜ yè huì biàn
秋天到了，很多植物的绿叶会变
de kū huáng zhè shì zěn me huí shì ne yuán lái dà
得枯黄，这是怎么回事呢？原来，大
duō shù zhí wù de yè zi shì lǜ sè de nà shì yīn wèi
多数植物的叶子是绿色的，那是因为
lǐ miàn yǒu hǎo duō yè lǜ sù dàn yè lǜ sù yǒu gè ruò
里面有好多叶绿素。但叶绿素有个弱
diǎn jiù shì tè bié pà lěng dāng qiū tiān de tiān qì jiàn
点，就是特别怕冷。当秋天的天气渐

渐变冷时，叶片里的叶绿素就会越来少，而叶片里的叶黄素和胡萝卜素却不怕冷，不会消失掉。由于叶黄素和胡萝卜素都是黄颜色的，所以，秋天的叶片就变黄了。

**长知识：**

平时，枫树叶中的叶绿素很多，而叶黄素和胡萝卜素很少，到了秋天叶绿素开始大量消失，红色的花青素显露出来，这样就使叶片变得红艳艳的很漂亮了。

# 人坐在王莲的叶子上为什么不会沉下去

běi jīng zhí wù yuán de shuǐ chí li pū mǎn le yī
北京植物园的水池里，铺满了一
piàn piàn jì yuán yòu dà de wáng lián yè zi yī bān zhí jìng
片片既圆又大的王莲叶子，一般直径
dōu zài mǐ zuǒ yòu yǒu de shèn zhì dá mǐ zài shuǐ
都在2米左右，有的甚至达4米，在水
miànshang jiù xiàng yī zhāngzhāng dà yuán zhuō
面上就像一张张大圆桌。

wáng lián de yè zi shòuzhòng zǎi ér bú xià chén de
王莲的叶子受重载而不下沉的
mì mì zài tā de yè bèi miàn tā de yè bèi miàn yǒu xǔ
秘密在它的叶背面。它的叶背面有许

duō cū dà yè mài gòu chéng de gǔ jià gǔ jià zhī jiān yòu
多粗大叶脉构成的骨架，骨架之间又
yǒu lián dāo xíng de héng gé xiāng lián jiē yóu rú yī zuò dà
有镰刀形的横隔相连结，犹如一座大
qiáo de gāng jià suǒ yǐ tā de chéng zǎi néng lì tè bié qiáng
桥的钢架，所以它的承载能力特别强。

jiàn zhù shī shòu wáng lián yè mài gòu zào de qǐ shì
建筑师受王莲叶脉构造的启示，
mó fǎng wáng lián de yè zi shè jì le dà kuà dù de zhǎn
模仿王莲的叶子，设计了大跨度的展
lǎn dà tīng de wū dǐng yǐ jí yè shì fú qiáo děng jiàn zhù wù
览大厅的屋顶以及叶式浮桥等建筑物。

**长知识：**

yǒu rén zuò le yī gè shì yàn yòng wǎn bǎ huáng shā dào zài wáng lián yè zi shang dào
有人做了一个试验：用碗把黄沙倒在王莲叶子上，到
le qiān kè hái méi yǒu xià chén nán guài yī gè qiān kè zhòng de xiǎo nǚ hái zuò zài
了75千克还没有下沉。难怪一个30千克重的小女孩，坐在
yè piàn shang jiù xiàng xiǎo chuán zài hú miàn shang piāo dàng nà yàng tài rán zì ruò
叶片上，就像小船在湖面上漂荡那样泰然自若。

# 为什么要打预防针

dǎ yù fáng zhēn kě yǐ bāng zhù wǒ men fáng yù bìng
打预防针可以帮助我们防御病
jūn yīn wèi chuán rǎn jí bìng de yuán yīn shì bìng jūn cóng yī
菌，因为传染疾病的原因是病菌从一
gè rén de shēnshang pǎo dào lìng yī gè rén shēnshang
个人的身上“跑”到另一个人身上。

bú guò rú guǒ nà gè rén de tǐ nèi yǒu jī bài
不过，如果那个人的体内有击败
bìng jūn de néng lì yě jiù shì yǒu miǎn yì lì jiù néng
病菌的能力，也就是有免疫力，就能
bǎ jìn rù tǐ nèi de bìng jūn shā sǐ zhè yàng jiù bú huì
把进入体内的病菌杀死，这样就不会

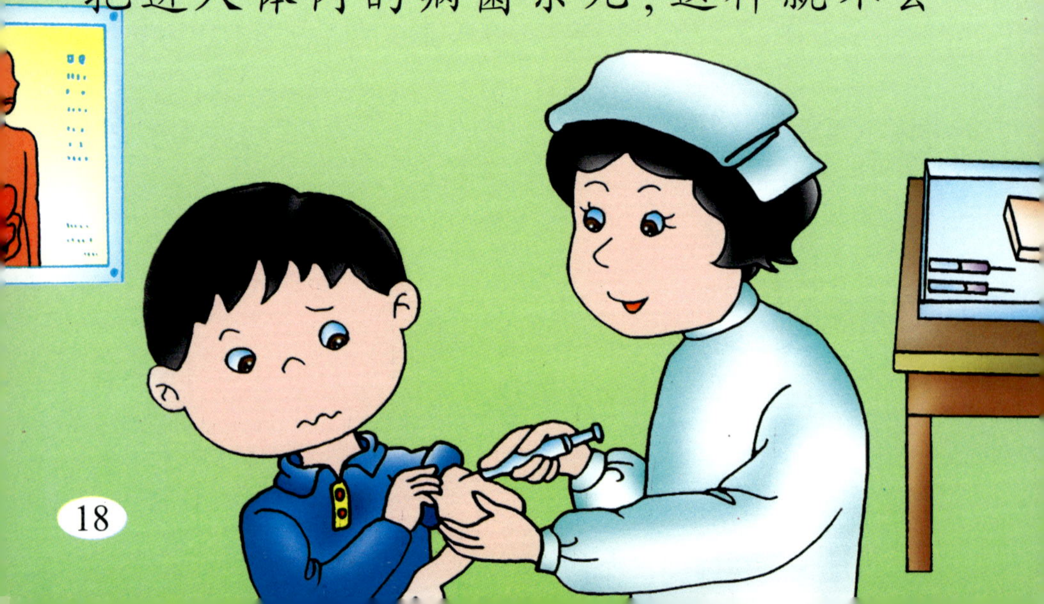

shēngbìng le
生病了。

dǎ yù fáng zhēn jiù shì bǎ bú huì zhì bìng de yì
打预防针就是把不会致病的疫
miáo zhù shè zài wǒ men de shēn tǐ li cóng ér shǐ wǒ men
苗注射在我们的身体里，从而使我们
de shēn tǐ chǎnshēng hé bìng jūn dǎ zhàng de wèi shì zēng
的身体产生和病菌“打仗”的卫士，增
qiángkàng bìng néng lì yǐ miǎn shòu bìng jūn de shāng hài
强抗病能力，以免受病菌的伤害。

**长知识：**

bú shì suǒ yǒu de xì jùn dōu duì rén tǐ yǒu hài yǒu yī bù fèn xì jùn hái shì wǒ
不是所有的细菌都对人体有害，有一部分细菌还是我
men de hǎo péng you ne xiàngcháng dào li de dà cháng gān jùn néng bāng wǒ men chǎnshēng mǒu xiē
们的好“朋友”呢，像肠道里的大肠杆菌能帮我们产生某些
wéi shēng sù hé shā jùn wù zhì
维生素和杀菌物质。

# 为什么不要把头蒙在被子里睡觉

hěn duō xiǎo péng yǒu shuì jiào shí ， ài bǎ nǎo dai méng
很多小朋友睡觉时，爱把脑袋蒙
zài bèi zi li 。 qí shí ， zhè shì yī zhǒng hěn bù hǎo de
在被子里。其实，这是一种很不好的
shuì jiào xí guàn ， wèi shén me zhè yàng shuō ne ？
睡觉习惯，为什么这样说呢？

yīn wèi nǎo dai méng zài bèi zi zhōng ， shuì jiào de rén
因为脑袋蒙在被子中，睡觉的人
jiù hé wài miàn gé jué le 。 wǒ men zhī dào ， rén yào bù
就和外面隔绝了。我们知道，人要不

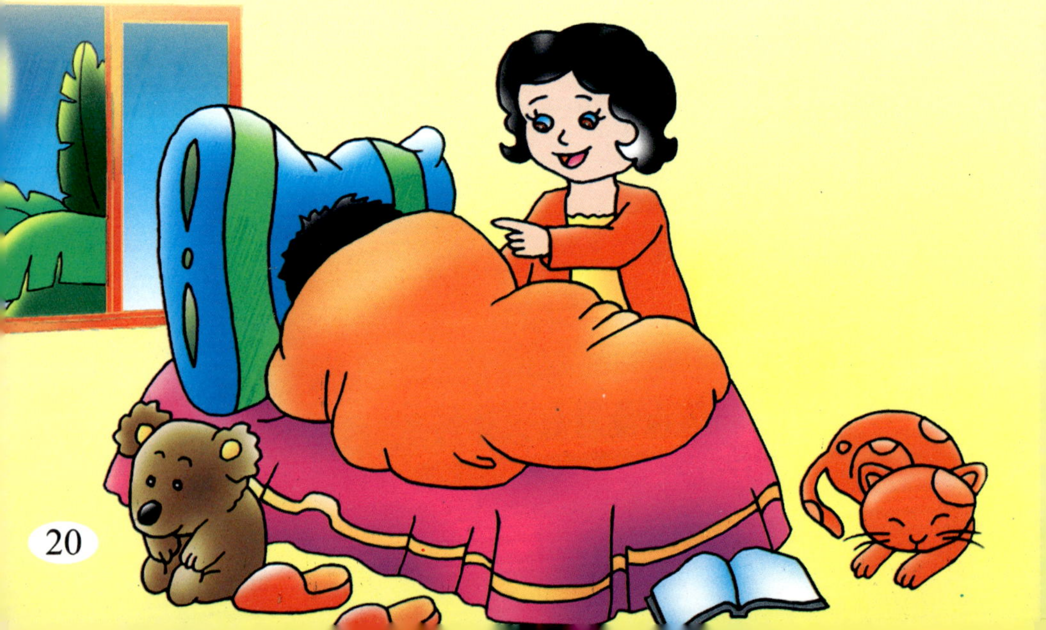

tíng de xī jìn xīn xiān yǎng qì kě shì bǎ liǎn méng zài bèi
停地吸进新鲜氧气，可是把脸蒙在被
wō li wài miàn de xīn xian yǎng qì jìn bù lái hū chū
窝里，外面的新鲜氧气进不来，呼出
de èr yǎng huà tàn fèi qì chū bú qù bèi wō li de kōng
的二氧化碳废气出不去，被窝里的空
qì jiù huì biàn de bù hǎo zhè yàng shuì jiào bù jǐn xiū
气就会变得不好。这样睡觉，不仅休
xi bù hǎo ér qiě hái dà dà yǐng xiǎng shēn tǐ jiàn kāng ne
息不好，而且还大大影响身体健康呢。

**长知识：**

yī gè rén zài pā zhe shuì jué shí xiōng bù hé fù bù shòu dào yā pò hū xī huì
一个人在趴着睡觉时，胸部和腹部受到压迫，呼吸会
biàn dé kùn nán lìng wài pā zhe shuì shí nǎo dai wāi zài yī biān xǐng lái hòu cháng cháng huì
变得困难。另外，趴着睡时脑袋歪在一边，醒来后常常会
gǎn dào fēi cháng nán shòu
感到非常难受。

# 为什么要勤剪指甲

rén de zhǐ jia shì pí fū de fù shǔ qì guān tā
人的指甲是皮肤的附属器官，它
de zuò yòng shì bǎo hù wǒ men de shǒu zhǐ hé jiǎo zhǐ dàn
的作用是保护我们的手指和脚趾。但
shì zhǐ jia zhǎng de tài cháng hòu yī dìng yào jiǎn qù bù rán
是指甲长得太长后一定要剪去，不然
huì yǐng xiǎng shēng huó lìng wài zhǐ jia tài cháng le hěn róng
会影响生活。另外，指甲太长了很容
yì ràng bìng jūn duǒ cáng nǐ zhī dào ma kè zhǐ jia
易让病菌躲藏。你知道吗？1克指甲

lā jī zhōng duǒ cáng zhe yì gè xì jūn ne dāng nǐ yòng
垃圾中躲藏着40亿个细菌呢，当你用
shǒu ná dōng xi chī shí zhè xiē xì jūn cháng cháng huì jìn rù
手拿东西吃时，这些细菌常常会进入
nǐ de kǒu qiāng suǒ yǐ xiǎo péng yǒu yī dìng yào qín jiǎn zhǐ
你的口腔。所以小朋友一定要勤剪指
jia qīng chú zhǐ jia li de lā jī bú yào ràng xì jūn
甲，清除指甲里的垃圾，不要让细菌
zài zhǐ jia fèng li zhǎo dào cáng shēn zhī chù
在指甲缝里找到藏身之处。

**长知识：**

píng shí jiǎn zhǐ jia yī dìng yào zhù yì fāng fǎ bié jiāng zhǐ jia jiǎn de tài shēn zhè
平时剪指甲一定要注意方法，别将指甲剪得太深，这
yàng jiù qǐ bú dào bǎo hù shǒu zhǐ tou de zuò yòng lìng wài yào zhù yì liǎng biān bù néng jiǎn
样就起不到保护手指头的作用。另外要注意两边不能剪
de tài duō fǒu zé róng yì shǐ xīn zhǎng chū de zhǐ jia qiàn zài pí ròu zhōng
得太多，否则容易使新长出的指甲嵌在皮肉中。

# 彩虹的颜色是从哪里来的

xià tiān xià guò yī chǎng yǔ tài yáng yòu cóng yún
夏天，下过一场雨，太阳又从云
li zuān chū lái shí kōngzhōngchángcháng huì chū xiàn yī dào měi
里钻出来时，空中常常会出现一道美
lì de cǎi hóng kàn shang qu jiù xiàng yī tiáo cǎi dài guà zài
丽的彩虹，看上去就像一条彩带挂在
tiān shàng cǎi hóng de yán sè shì cóng nǎ li lái de ne
天上。彩虹的颜色是从哪里来的呢？
yuán lái tài yángguāng li bāo hán le qī zhǒng yán sè de guāng
原来，太阳光里包含了七种颜色的光：

hóng chéng huáng lǜ qīng lán zǐ dāng tā men yī
红、橙、黄、绿、青、蓝、紫。当它们一
kuài er zǒu de shí hou shuí yě kàn bu chū tā men de zhēn
块儿走的时候，谁也看不出它们的真
miàn mù yǔ hòu tiān kōng zhōng chōng mǎn le xiǎo shuǐ dī
面目。雨后，天空中充满了小水滴，
tài yáng guāng zhào zài zhè xiē xiǎo shuǐ dī shang bèi fǎn shè huí
太阳光照在这些小水滴上，被反射回
lái zhè shí hou gè zhǒng yán sè de guāng jiù bèi fēn jiě
来，这时候，各种颜色的光就被分解
kāi lái yú shì wǒ men jiù kàn jiàn le piào liang de cǎi hóng
开来，于是，我们就看见了漂亮的彩虹。

**长知识：**

nǐ kě yǐ zì jǐ zuò yī dào rén zào xiǎo cǎi hóng zài tiān qì qíng hǎo de zǎo chén
你可以自己做一道人造小彩虹。在天气晴好的早晨
huò bàng wǎn bèi zhe tài yáng zhàn lì yòng zuǐ xiàng kōng zhōng pēn yī kǒu shuǐ nǐ jiù huì zài shuǐ
或傍晚，背着太阳站立，用嘴向空中喷一口水，你就会在水
zhū zhōng kàn dào yī tiáo xiǎo xiǎo de cǎi hóng
珠中看到一条小小的彩虹。

# 为什么热气球能升降

rén men shì tōng guò kòng zhì rè qì qiú xià fāng de
人们是通过控制热气球下方的

rán shāo qì lái kòng zhì rè qì qiú de shàngshēng hé xià jiàng
燃烧器来控制热气球的上升和下降

de rán shāo qì rán shāo rán liào shí huì chǎnshēng dà liàng
的。燃烧器燃烧燃料时，会产生大量

rè qì shǐ qì qiú li de kōng qì biàn rè biàn qīng dāng
热气，使气球里的空气变热变轻。当

rè qì qiú biàn de bǐ tā zhōu wéi de kōng qì hái qīng shí
热气球变得比它周围的空气还轻时，
rè qì qiú jiù kāi shǐ màn màn shàng shēng le rú guǒ ràng
热气球就开始慢慢上升了。如果让
rè qì qiú bǎo chí yī dìng de wēn dù tā jiù néng zài tiān
热气球保持一定的温度，它就能在天
kōngzhōng suí fēng piāo xíng dāng biàn lěng biàn zhòng rè qì qiú
空中随风飘行。当变冷变重，热气球
jiù néng màn màn xià jiàng le
就能慢慢下降了。

**长知识：**

rè qì qiú shangzhuāng yǒu fāng xiàng biāo rén men kě yǐ gēn jù bù tóng de fēng xiàng bǎi
热气球上装有方向标。人们可以根据不同的风向，摆
dòng fāng xiàng biāo kòng zhì rè qì qiú de fēi xíng fāng xiàng
动方向标，控制热气球的飞行方向。

# 为什么人到了月球上体重会变轻

rú guǒ nǐ yǒu jī huì dēngshang yuè qiú nà me nǐ
如果你有机会登上月球，那么你
shǒu xiān gǎn jué dào de jiù shì nǐ de shēn tǐ jiāng huì biàn de
首先感觉到的就是你的身体将会变得
qīng piāo piāo de zài yuè qiú shang zǒu lù yī diǎn dōu bú
轻飘飘的。在月球上走路，一点都不
fèi jìn yù dào zhàng ài wù yī yuè jiù guò qù le zhè
费劲；遇到障碍物一跃就过去了。这
shì wèi shén me ne yuán lái rén zài dì qiú shang de tǐ
是为什么呢？原来，人在地球上的体

zhòng shì yóu dì qiú de xī yǐn lì jué dìng de yuè qiú
重是由地球的吸引力决定的。月球
duì rén de xī yǐn lì zhǐ yǒu dì qiú xī yǐn lì de liù fēn
对人的吸引力只有地球吸引力的六分
zhī yī suǒ yǐ rén dào le yuè qiú shang tǐ zhòng jiù huì
之一，所以人到了月球上，体重就会
jiǎn qīng hěn duō jiǎ shè nǐ zài dì qiú shang zhòng qiān
减轻很多。假设你在地球上重48千
kè zài yuè qiú shang nǐ zhǐ yǒu qiān kè zhòng zhè shí zǒu
克，在月球上你只有8千克重，这时走
lù dāng rán shēn qīng rú yàn la
路当然身轻如燕啦！

**长知识：**

nián yuè rì měi guó yǔ zhòu fēi chuán ā bō luó hào zài zhe
1969年7月16日，美国宇宙飞船“阿波罗11”号载着3
míng yǔ háng yuán chénggōng de zài yuè qiú dēng lù zhè shì rén lèi dì yī cì dēngshang yuè qiú
名宇航员，成功地在月球登陆，这是人类第一次登上月球，
shí xiàn le qiān bǎi nián lái rén lèi de měi hǎo mèngxiǎng
实现了千百年来人类的美好梦想。

# 为什么会下流星雨

yè wǎn dāng tiān kōngzhōng chū xiàn liú xīng yǔ shí
夜晚，当天空中出现流星雨时，
nà yàng zi zhēn hǎo kàn hǎo xiàng jié rì fàng yàn huǒ yī yàng
那样子真好看，好像节日放焰火一样，
jǐ shí tiáo jǐ bǎi tiáo liàngguāngcóng tiān shàng sǎ luò xià lái
几十条，几百条亮光从天上洒落下来。
liú xīng yǔ yǒu shí yī lián kě yǐ xià jǐ gè xiǎo shí
流星雨有时一连可以下几个小时。
zhè shì tiān shàng de xīng xing diào xià lái le bú shì
这是天上的星星掉下来了？不是

de zài hěn yuǎn hěn yuǎn de kōngzhōng yǒu yī xiē yóu dà
的。在很远很远的空中，有一些由大
liàng de yǔ zhòu chén lì zǔ chéng de liú xīng qún tā men
量的“宇宙尘粒”组成的流星群，它们
yě hé dì qiú yī yàng zài tiān shàng àn zhào yī dìng de lù
也和地球一样，在天上按照一定的路
xiàn zhuàndòng zhe dāng tā men tóng dì qiú pèng tóu shí
线转动着。当它们同地球“碰头”时，
wǒ men jiù néng jiàn dào zhè zhǒng liú xīng yǔ le
我们就能见到这种流星雨了。

**长知识：**

xià liú xīng yǔ de shí jiān yǒu shí hou bǐ jiào duǎn yǒu shí hou què hěn cháng yī lián
下流星雨的时间，有时候比较短，有时候却很长，一连
xià hǎo jǐ gè xiǎo shí xià yī cì liú xīng yǔ wǎngwǎng yǒu jǐ wàn kē zuì duō shèn zhì yǒu
下好几个小时；下一次流星雨，往往有几万颗，最多甚至有
jǐ shí wàn kē
几十万颗。

# 纸是怎样造出来的

zhǐ shì wǒ guó gǔ dài sì dà fā míng zhī yī
　　纸是我国古代四大发明之一。
dà duō shù de zhǐ shì yòng shù mù zuò yuán liào de shù mù
大多数的纸是用树木做原料的。树木
bèi kǎn xià qiē xiāo chéng mù xiè zài jiā rù shuǐ hé huà xué
被砍下切削成木屑，再加入水和化学
jì jiǎo bàn chéng zhǐ jiāng zhǐ jiāng bèi sòng jìn jī qì
剂，搅拌成纸浆。纸浆被送进机器，
jǐ yā chū qí zhōng de shuǐ fèn biàn de píng zhǎn tǐng kuò
挤压出其中的水分，变得平展挺括，
zài jīng guò hōng gān yī juǎn xīn zhǐ jiù zào chū lái le
再经过烘干，一卷新纸就造出来了。